PENSAMIENTO POSITIVO

Una Mejor Guía Para Superar La Negatividad Y Lograr La Felicidad

(Aprenda Cómo Eliminar El Pensamiento Negativo Y Reemplazar Y Dominar La Vida)

Guy Uribe

Publicado Por Daniel Heath

© **Guy Uribe**

Todos los derechos reservados

Pensamiento Positivo: Una Mejor Guía Para Superar La Negatividad Y Lograr La Felicidad (Aprenda Cómo Eliminar El Pensamiento Negativo Y Reemplazar Y Dominar La Vida)

ISBN 978-1-989808-64-1

Este documento está orientado a proporcionar información exacta y confiable con respecto al tema y asunto que trata. La publicación se vende con la idea de que el editor no esté obligado a prestar contabilidad, permitida oficialmente, u otros servicios cualificados. Si se necesita asesoramiento, legal o profesional, debería solicitar a una persona con experiencia en la profesión.

Desde una Declaración de Principios aceptada y aprobada tanto por un comité de la American Bar Association (el Colegio de Abogados de Estados Unidos) como por un comité de editores y asociaciones.

No se permite la reproducción, duplicado o transmisión de cualquier parte de este documento en cualquier medio electrónico o formato impreso. Se prohíbe de forma estricta la grabación de esta publicación así como tampoco se permite cualquier almacenamiento de este documento sin permiso escrito del editor. Todos los derechos reservados.

Se establece que la información que contiene este documento es veraz y coherente, ya que cualquier responsabilidad, en términos de falta de atención o de otro tipo, por el uso o abuso de cualquier política, proceso o dirección contenida en este documento será responsabilidad exclusiva y absoluta del lector receptor. Bajo ninguna circunstancia se hará responsable o culpable de forma legal al editor por cualquier reparación, daños o pérdida monetaria debido a la información aquí contenida, ya sea de forma directa o indirectamente.

Los respectivos autores son propietarios de todos los derechos de autor que no están en posesión del editor.

La información aquí contenida se ofrece únicamente con fines informativos y, como tal, es universal. La presentación de la información se realiza sin contrato ni ningún tipo de garantía.

Las marcas registradas utilizadas son sin ningún tipo de consentimiento y la publicación de la marca registrada es sin el permiso o respaldo del propietario de esta. Todas las marcas registradas y demás marcas incluidas en este libro son solo para fines de aclaración y son propiedad de los mismos propietarios, no están afiliadas a este documento.

TABLA DE CONTENIDO

Parte 1 1

Introducción 2

Capítulo 1: Pensamiento Positivo 4

Efectos De Los Pensamientos Positivos En Tu Cerebro 5
Incrementando Los Pensamientos Positivos 6

Capítulo 2: Donde Todo Comienza 9

Controlando Los Pensamientos 11
Consejos Útiles Para Controlar Tus Pensamientos 12

Capítulo 3: Lidiando Con El Diálogo Interno Negativo 16

Efectos De Los Pensamientos Negativos En Tu Cerebro 17
Silenciando Las Críticas Internas 18

Capítulo 4: Beneficios Del Pensamiento Positivo 22

El Pensamiento Positivo Trae Felicidad 22
El Pensamiento Positivo Mejora La Salud 23
El Pensamiento Positivo Te Motiva 23
El Pensamiento Positivo Mejora El Autoestima 24
La Positividad Mejora Tus Relaciones 25
La Positividad Construye Tu Conjunto De Habilidades 26

Capítulo 5: La Psicología Positiva Y Su Significado 28

Diferencias Entre Psicología Positiva Y Pensamiento Positivo 29
Algunas Pruebas Que Respaldan La Investigación 30

Conclusión 33

Parte 2 35

Introducción – Qué Es El Pensamiento Positivo Y La Historia De Esta Filosofía 36

Capítulo 1: Consejos De Pensamiento Positivo Para Mejorar

La Calidad De Vida 45

Capítulo 2: Hábitos De Pensamiento Positivo Para Una Vida Más Enriquecedora 53

Capítulo 3: El Pensamiento Positivo Y El Poder Del Ahora . 61

Capítulo 4: Métodos De Pensamiento Positivo Para La Diversión Y La Relajación 67

Conclusión 71

Parte 1

Introducción

Siempre hay desafíos que debes enfrentar en la vida y cosas que no funcionan de la manera que uno cree que lo harán. Algunas veces planeas algo extensamente, pero al final te decepciona. Mucha gente culpa a la mala suerte y otros comienzan a creer que no son buenos para nada. Estos son algunos de los retos que activan los pensamientos que determinan aquello que somos en realidad y que pueden alegrarnos o entristecernos.

El problema que la gente no ve es que intentan algo, siempre esperando que lo peor ocurra al final. Invertirías tu dinero pensando en el peor escenario posible y en cuanto perderás si la inversión cae en picada. ¿Qué tal si piensas en las cosas buenas que podrían pasar si dicha inversión se vuelve un éxito? Con un pensamiento positivo, harás todo lo posible para obtener lo que realmente quieres de esa inversión pero cuando estás pensando en lo peor que podría pasar, invertirás y esperaras a ver lo que sucederá.

De esto es de lo que trata el Pensamiento Positivo. Tus acciones siempre son guiadas por lo que piensas y puedes cambiar una situación cambiando tus pensamientos. Tanta gente está viviendo vidas infelices porque son incapaces de ver lo bueno en sus vidas, su potencial y sus acciones. Este libro te ayudará a empezar a ver las cosas desde una perspectiva diferente para cambiar el resultado de cada situación en tu vida.

Capítulo 1: Pensamiento Positivo

Pensar positivo es algo que todos desean dominar, porque suena muy bueno y prometedor. La mayoría de las personas no elegirían pensar negativamente, pero es mucho más fácil caer en la negatividad que intentar y mantener la positividad. Tanto como el pensamiento positivo parece genial y fácil de lograr, en realidad no lo es, y mucha gente se siente incapaz de pensar positivamente, incluso cuando tienes el propósito de vivir una vida positiva.

Mucha gente asocia ser feliz y sonreir todo el tiempo con el pensamiento positivo pero este no es el caso en absoluto. El Pensamiento Positivo es más que felicidad y es lo que produce felicidad así como muchos otros valores positivos que pueden ayudarte a desarrollar grandes habilidades que impactaran tu vida de muchas formas, brindandote una sonrisa permanente incluso cuando las cosas no van de acuerdo a tu plan.

Es cierto que el pensamiento positivo tiene un gran impacto en la salud humana, el trabajo y la vida en general y que ayuda a una persona a vivir mejor sin importar los retos. Esta es la razón por la cual todos deben perseguir la positividad e intentar alejar los pensamientos negativos que afectan aspectos importantes de sus vidas.

Efectos de los pensamientos positivos en tu cerebro

Pensar positivo tiene grandes efectos en tu cerebro. cuando piensas positivamente, estas enviando mensajes felices a tu cerebro, dando como resultado la liberación de hormonas que te dan una gran alegría. Los sentimientos de satisfacción, amor, alegría son algunos de los sentimientos que provocarán ideas de grandes posibilidades en tu vida. Es más probable que encuentres soluciones a un problema cuando veas lo bueno que puede salir de la situación, y luego las cosas negativas que podrían suceder. Los pensamientos positivos abrirán tu mente a más opciones y facilitarán el manejo de cualquier problema que surja.

Esto es solo un beneficio de pensar

positivamente. Hay muchos más beneficios de los que un pensador positivo puede disfrutar más adelante y los cuales serán discutidos en detalle más adelante en este libro.

Incrementando los pensamientos positivos

Una vez que empiezas a practicar el pensamiento positivo, comenzarás a darte cuenta que tener pensamientos positivos todo el tiempo no es tan fácil como parece. Los pensamientos negativos siempre surgirán y estos limitaran los beneficios que deberías disfrutar a través del pensamiento positivo. Es por eso que es importante conocer algunas de las formas a través de las cuales puedes aumentar tus pensamientos positivos.

Cualquier cosa que provoque sentimientos positivos de alegría, amabilidad, satisfacción y amor entre las personas te ayudará a mantener una mentalidad positiva. Piensa en aquello que realmente te hace feliz, y concéntrate en ello. Podrías imaginar que pasas un buen momento con tu familia, o el día en que ganaste un premio. Pensar en estos momentos traerá de vuelta una oleada de alegres emociones, y esto ayudará a estimular aún más tu positividad. Aparte de esto, hay otras ideas que puedes incorporar en tu vida diaria para incrementar los pensamientos positivos:

1. Escribir: Escribir te permite expresarte y expresar todo lo que hay dentro de ti. Escribe principalmente sobre las experiencias positivas que has tenido en la vida, especialmente aquellas en las que piensas. Esto puede ayudarte a mejorar tu estado de ánimo y elevar tu positividad todo el tiempo.

2. Meditar: La meditación ayuda a deshacerse de las emociones negativas y te permitirá pensar positivamente en cada situación en la vida. Considera la vida de un monje budista que pasa horas meditando cada dia. ¿Cual es tu opinion de ellos? Probablemente pienses que son felices y pacíficos -y lo son-. Meditar mejorará tu autoconfianza y te ayudará a aceptar a los demás por lo que son. La

meditación puede ayudarte a encontrar mejores soluciones para los asuntos con los que estás lidiando y mejorar tus relaciones significativamente. aclara tu mente y te energiza.
3. Jugar: Esto será difícil para mucha gente porque es muy fácil reservar tiempo para reuniones y otros eventos, pero uno rara vez tendrá tiempo para jugar. debes comenzar a involucrarte en algunas actividades divertidas que incluyan pasatiempos, aventuras, explorar e incluso experimentar para sentirte bien contigo mismo. El juego no tiene que tomar un dia entero; dedique una hora al día a alguna actividad divertida con amigos o familiares. El resultado serán emociones positivas.

Capítulo 2: Donde todo comienza

Tanto el pensamiento positivo como el negativo tienen el mismo origen; todo comienza en la mente. Tu mente tiene la capacidad de ver las cosas desde una perspectiva en la que todo va bien y te sientes libre, o donde todo va mal y te sientes atrapado. La mente es muy poderosa, por lo tanto, cualquier cosa que permitas que perciba será lo que creas hasta que, por supuesto, cambies de percepción.

Tus pensamientos son responsables de cada idea te que hagas sobre ti mismo, los objetos, las personas y la vida en general. La razón por la que muchas personas son infelices y no pueden alcanzar sus metas en la vida es porque pasan mucho tiempo pensando es sus limitaciones y en lo que no quieren, y esto es lo que domina una gran parte de sus vidas. Cuando piensas, hablas y prestas atención constantemente a lo que no deseas, lo activas y es por eso que te lo encuentras constantemente en tu vida.

¿Alguna vez has tenido un mal día? Te despiertas por la mañana y te golpeas el dedo del pie, luego todo lo que sucede después de eso parece ir de mal en peor. Con cada momento que pasa, te sientes más mal y al final del día, todo lo que quieres hacer es meterte en tu cama y dormir. Esto es lo que el pensamiento negativo te hará. Ahora revirtamos el escenario.

Te levantas de la cama con una sonrisa en la cara cuando te das cuenta de que te levantaste a tiempo y no necesitas correr. Te vistes, sonríes a todos los que te encuentras y ellos te devuelven la sonrisa. Notas que puedes cumplir todas tus tareas del día y todo parece ir a tu manera. Es como un día soñado. Esto es lo que el pensamiento positivo hará por ti.

Libérate de los pensamientos negativos y sus efectos en tu vida al pensar, hablar y concentrarte en las cosas que deseas en la vida. Tus pensamientos crean lo que te obsesiona, por lo tanto, puedes cambiar todo eso. Todo lo que eres está hecho de tus pensamientos. Tus pensamientos también crean el mundo físico, por lo tanto, lo que tienes es también resultado de lo que piensas.

Controlando los pensamientos

La gente siempre dice que tus creencias reflejan tu realidad, pero la verdad es que tus pensamientos siempre son los que crean tu realidad. No hay forma de que tengas éxito si no te consideras a ti mismo exitoso. Tienes que comenzar a pensar en lo bueno que eres para algo para que puedas lograrlo en realidad.

Siempre presta atención a tus pensamientos. Debes conocer la clase de pensamientos que dominan tu mente todo el tiempo para que puedas comprender el tipo de realidad en la que vives. Tienes que saber si necesitas cambiar tu proceso de pensamiento o no.

Tomate un momento para revisar tus pensamientos. ¿Tienes pensamientos del estilo "no quiero" o del estilo "quiero"? Esto debería guiarte en cómo debes comenzar. Elabora una lista de las cosas que dominan tu mente y crea un reemplazo para aquellos pensamientos que caen en la categoría "No quiero". Definitivamente no será fácil, pero debes deshacerte de esos pensamientos que te dificultan seguir adelante y disfrutar de la vida.

Ahora empieza a crear una idea de cómo quieres que sea tu realidad. Imagínate a ti mismo feliz, por ejemplo, capaz de poder comunicarte libremente con otras personas, hacer todo lo que te propongas y lograr el éxito. Con una imagen mental perfecta, lograrlo será mucho más fácil de lo que pensabas.

Los pensamientos y las creencias suelen ser las herramientas más poderosas en esta vida, y debes conocer las tuyas para poder controlarlas. Hay un gran dicho que dice que el secreto del éxito radica en controlar tus pensamientos. Este debe ser tu principio rector.

Consejos útiles para controlar tus pensamientos

Reemplace un pensamiento negativo para borrarlo completamente de su mente. Es imposible deshacerse totalmente de un pensamiento determinado a menos que tenga un reemplazo adecuado para él. Elija sabiamente los pensamientos positivos y úselos para reemplazar todos los pensamientos negativos que siguen rondando en su mente.

Es importante comprender esto cuando consideras aquello en lo que estás pensando. Los pensamientos negativos persisten y persisten, casi como si estuvieran en un tocadiscos sin fin. Te dicen que no puedes lograr ciertas cosas, que estás cometiendo errores, que otra persona es mejor que tu, que no debes estar confiado, etc. Los pensamientos negativos cuestionarán todo aquello por lo que estás trabajando, inculcandote dudas y limitandote.

Siempre recuerda que las situaciones vienen y se van. No hay una situación en tu vida que sea permanente, por lo tanto, no te obsesiones por nada. Hay una tendencia en muchas personas a seguir pensando en algo que salió mal incluso después de muchos años. Necesitas saber que eso también pasará y que surgirán otras cosas importantes en la vida. De esta manera, puedes lidiar con eso de una vez por todas.

Enfrenta todos tus miedos con la acción. No te sientes a pensar en lo desesperado que estás en una situación determinada, debes actuar de inmediato para demostrarte a ti mismo que puedes lidiar fácilmente con cualquier cosa que surja.

Nunca analices una situación más de lo que deberías. Si alguien te lastimó o te dijo algo que te hizo daño, tómalo literal y no agregues ningún significado adicional a las palabras que te han dicho. Remueve cualquier cosa negativa que aparezca y reemplázala con algo bueno. Si llegaste tarde y alguien se disgustó por eso, por ejemplo, piensa en las muchas ocasiones en que llegaste antes que todos los demás y te sentirás mejor contigo mismo. Di algunas palabras amables que ayuden a la situación y avanza.

Solo controla lo que puedes controlar y olvídate del resto. No puedes controlar las acciones, creencias y palabras de las otras personas , pero puedes controlar lo que puedes decir, lo que crees y cómo actúas.

Solo puedes controlar cómo reaccionas a las acciones y palabras de los demás.

Capítulo 3: Lidiando con el Diálogo Interno Negativo

La crítica es buena hasta cierto punto, pero es mala en la mayoría de los casos. Una pequeña crítica puede devolverte a la realidad y te ayuda a evitar cometer el mismo error dos veces. Sin embargo, cuando es exagerada, puede afectar la forma en que piensas sobre ti mismo, la forma en que te sientes acerca de otras personas y también la forma en que trabajas. La forma en que hablas contigo mismo o sobre ti mismo puede determinar el tipo de persona que eres en realidad. Es por eso que las personas deben tener cuidado con las críticas excesivas. Puedes comenzar a creerte lo que piensas de ti mismo y esto afectará la forma en que haces las cosas en la vida. Si has aumentado de peso de manera significativa, decirte a sí mismo "debo comenzar a hacer ejercicio" es mejor que "Me estoy engordando". Incluso cuando te critiques a ti mismo, trata de sonar tan positivo como te sea posible.

Efectos de los pensamientos negativos en tu cerebro

Las emociones y pensamientos negativos solo activarán una respuesta específica. Cuando uno se encuentra cara a cara con el peligro, lo único que le viene a la mente en ese instante es el miedo que el peligro ha creado en él y cómo puede escapar de ese peligro lo más rápido posible. No se toma el tiempo para pensar en otras cosas importantes en su entorno. Esto significa que los pensamientos y emociones negativos solo limitan tu mente a las posibilidades que la mente puede tener. Siempre hay otras soluciones que puedes encontrar, pero cuando estás asustado, cuando estás estresado o incluso ansioso, ignoras todo lo demás y solo te enfocas en la salida fácil.

Cuando sus opciones se limitan, estás obligado a cometer errores porque quizás la única solución que elegiste podría no ser la solución correcta. No puedes ver las cosas o la situación desde otra perspectiva y esto afecta tus relaciones.

Un ejemplo: cuando uno se siente mal

porque no puede mantenerse al día con un programa de ejercicios, comienza a pensar en lo perezoso que es y en cómo no tiene suficiente fuerza de voluntad. Todo lo demás que vendria a tu mente después de eso será negativo y empeorará las cosas. No puedes ver otras opciones que puedes tener, con las cuales obtener los mismos resultados que el programa de acondicionamiento físico. Es por eso que los pensamientos negativos siempre deben combatirse porque hacen más daño que bien y evitan que progreses en la vida.

Silenciando las críticas internas

Ahora que sabes que las críticas excesivas terminarán siendo contraproducentes para ti, debes encontrar formas en las que puedas limitar la autocrítica y asegurarte de que no te estás enfocando tanto en tus fallas sino en las formas en que has mejorado y en formas en que puedes llegar a ser una mejor persona.

Bloquea todas las cosas negativas: estás obligado a cometer errores en la vida y también enfrentarás desafíos de vez en cuando. No debes hacer que el problema parezca demasiado grande porque esto es lo que te hará más difícil lidiar con él. Crea una pequeña caja en tu mente donde puedas encerrar todos los pensamientos negativos que se arrastran en tu mente. Si ocurre un error en la oficina, no empieces a pensar en lo estúpido que eres y en cómo fracasas. Piensa solo en lo que sucedió, tal vez un error de cálculo o una sincronización incorrecta, y trata de hacer el problema lo más pequeño posible. Pon ese pensamiento en la pequeña caja en tu mente y ya no te preocupará más.

A. Solo piensa en las posibilidades: lo diré de nuevo, el pensamiento positivo no será algo sencillo. Cuando te encuentres en una situación de calma, te darás cuenta de que los pensamientos positivos no llegan fácilmente y tendrás que seguir luchando contra los pensamientos negativos. Sin embargo, puedes contrarrestar los pensamientos negativos a través de posibles afirmaciones. Incluso cuando el problema es demasiado grande, puedes pensar en lo posible que es lidiar con esto y esto hará que las cosas mejoren. Desaparecerán todos los pensamientos negativos que podrían haber ocupado tu mente y te dará la motivación para abordar el problema. Si tiene muchas deudas sin ninguna forma de pagarlas todas, no piense en lo grave que es la situación. Piense en lo mucho que puede trabajar para poder pagar parte de la deuda, si no toda la deuda.

B. ¿Soy realmente culpable?: Debes tratar lo más que puedas para ser amable contigo mismo, incluso cuando los demás no lo son. Si un proyecto falla, considera si eres realmente culpable por su fracaso y regresa al comienzo, donde comprimes todo el fracaso en una pequeña caja de tu mente. Cuando empiezas a cuestionar tus pensamientos iniciales, estarás ralentizando los pensamientos negativos, por lo tanto, tendrán poco o ningún impacto en tu comportamiento. Use afirmaciones positivas como: "Sé que lo que hice fue correcto." "Di lo mejor."

C. Acepta que no eres perfecto: Nunca lo serás y nadie es perfecto de todos modos. Necesitas aprender a aceptar y lidiar con tus imperfecciones. Esto te ayudará a dejar cierto margen para algunos errores y fallas en la vida. Acepta que las cosas no siempre serán como quieres que vayan. La gente no siempre será amable y enfrentarás desafíos todo el tiempo. Cuando cometes un error, no te castigues. Siempre estar dispuesto a arruinarlo y seguir adelante.

Capítulo 4: Beneficios del Pensamiento Positivo

El pensamiento positivo trae muchas cosas buenas en la vida de las personas que lo practican. Tienes más de una razón para mantenerte positivo en la vida. Estas son las razones que deben motivar a uno a esforzarse por pensar positivamente en todo momento.

El Pensamiento Positivo Trae felicidad

Una actitud positiva será la que provocara tu felicidad. Muchas personas asocian la felicidad con las riquezas, pero lo que no saben es que lo que sucede se deriva de la actitud de uno. Esto se debe a que la felicidad proviene de lo más profundo de ti y no de lo que está afuera. Cuando siempre estás pensando en que tan buenas son las cosas y en lo buenas que deberían ser, puedes estar seguro de que serás una persona feliz. Por otro lado, los pensamientos negativos siempre te harán sentir malhumorado e infeliz.

El Pensamiento Positivo mejora la salud

La buena salud es lo que toda persona requiere para que pueda disfrutar de una vida más larga. El pensamiento positivo trae más energía y buena salud a las personas. Ahora que ves muchas posibilidades en la vida, tienes más energía para probar tantas como puedas, si no todas. Las personas positivas también son más felices y esto ayuda a reducir el estrés y la ansiedad, lo que afecta la salud de muchas personas en esta vida. Es por eso que los expertos en salud siempre están seguros de que la salud de uno puede mejorar si cambian la forma en que piensan y sienten. Nuestro pensamiento tiene grandes efectos en el cuerpo y la salud en general. Cuando piensas positivamente, podrás lidiar con algunas de las cosas que afectan tu salud y tu sistema inmunológico mejora. Incluso puedes mejorarte más rápido si ya estás enfermo.

El Pensamiento Positivo te motiva

Si ha establecido metas y realmente desea

alcanzarlas, solo tienes que pensar positivamente y lograr esas metas será mucho más fácil. Los pensamientos positivos ayudan a una persona a lograr sus sueños y alcanzar sus metas, y ayuda a manejar todas las tareas que enfrenta en la vida. Todos necesitan motivación porque es la fuerza que los empuja hacia adelante y los alienta a ir por lo que necesitan para obtener lo que quieren en la vida. Puedes superar los obstáculos en el camino con motivación, por lo tanto, mantén una actitud positiva y lograras mucho en la vida.

El Pensamiento Positivo mejora el autoestima

La forma en que piensas y la actitud que tienes hacia ti mismo tiene todo que ver con la forma en que te sientes acerca de ti mismo. La autoestima es muy importante porque determina cómo te sientes desde lo más profundo de tu ser. Es imposible amar a otras personas si no te amas a ti mismo, por lo tanto, todo comienza con la forma en que te sientes acerca de ti mismo. Por lo tanto, si tienes una mente positiva, siempre puedes pensar en cosas buenas sobre ti y esto cambiará la forma en que piensas y sientes acerca de otras personas. Para lograr esto, comienza a ver las cosas buenas que hay en ti, cosas que te hacen una mejor persona. Mira cuántas puedes hacer y no las que no puedes hacer. La gente no logrará derribarte si piensas muy bien de ti mismo. Si te respetas a ti mismo, las personas mostrarán automáticamente respeto por ti.

Empieza por amarte y ser amable contigo mismo. Mantén las expresiones positivas en todo momento y obtendrás confianza en ti mismo y una fuerza interior que nunca pensaste que tenías al principio.

La positividad mejora tus relaciones

Una persona positiva siempre verá cosas buenas en otras personas y esta es una manera de promover mejores relaciones. Cuando empieces a pensar positivamente acerca de ti mismo, comenzarás a apreciar a otras personas y sus defectos, ya que comienzas a darte cuenta de que todos somos iguales.

El pensamiento positivo hace que una persona sea más agradable. Las personas siempre se sienten atraídas por personas que son más felices y positivas en la vida. Si no te gusta trabajar en equipo o salir a divertirte, la gente empezará a evitarte, pero si demuestras que siempre estás tramando algo bueno y emocionante, harás que la gente se acerque más a ti. Es fácil hacer amigos y mantenerlos cuando eres positivo que cuando eres negativo. Cuando estás feliz, siempre puedes trabajar mejor con otras personas que cuando estás estresado y triste.

La positividad construye tu conjunto de habilidades

Los pensamientos positivos te ayudarán a desarrollar y fortalecer tus habilidades que usarás en cada momento de tu vida. Las emociones positivas te ayudarán a desarrollar conjuntos de habilidades que te permitirán lidiar con todo tipo de emociones que enfrentas en la vida. Una persona feliz siempre socializará mejor con otras personas y esto ayuda a desarrollar habilidades sociales que serán importantes para el resto de sus vidas. Una personalidad extrovertida comienza a formarse desde el momento en que una persona es muy joven. Si se mantiene dicha personalidad, puede traer un conjunto de habilidades creativas y sociales que te harán una mejor persona en la vida.

Capítulo 5: La Psicología Positiva y su significado

La psicología positiva tiene como objetivo evaluar las fortalezas que hacen que las personas y las comunidades mejoren y prosperen. Este estudio se basa en el hecho de que las personas siempre están buscando formas a través de las cuales puedan vivir vidas significativas que sean satisfactorias a fin de mostrar lo mejor de sí mismas para disfrutar de nuevas experiencias en la vida, en su trabajo, con la gente que ellos aman. Es una rama de la ciencia que pretende comprender e intervenir para ayudar a las personas a alcanzar la satisfacción en sus vidas. Se cree que esto les ayuda a lidiar mejor con las enfermedades mentales. La psicología positiva está dirigida al crecimiento personal, lo que hace de este un tipo diferente de campo de la psicología.

Hay tres áreas principales que conciernen cuando se trata de psicología positiva, las cuales son:

- Emociones positivas: esta es el área

que está relacionada por estar contento con su pasado, la felicidad en el presente y la esperanza para el futuro.
- Rasgos individuales positivos: esta es el área que se enfoca en las fortalezas de un individuo y sus rasgos.
- Instituciones positivas: esto se centra en las fortalezas que mejorarán a una comunidad de personas.

Diferencias entre Psicología Positiva y Pensamiento Positivo

Muchas personas no conocen la diferencia real entre la psicología positiva y el pensamiento positivo. En la mayoría de los casos, se piensa que estas dos cosas son iguales. El pensamiento positivo se parece más a ser optimista en todo momento, incluso cuando las cosas no se mueven en esa dirección, pero con psicología positiva, se requiere cierto pesimismo cuando es necesario para ayudar a una determinada situación. Sin embargo, hay algunas diferencias que vale la pena señalar:
- El pensamiento positivo se enfoca en abrazar la positividad en todos los

aspectos de la vida, pero la psicología positiva le dará herramientas importantes que te ayudarán a tener éxito.
- A diferencia del pensamiento positivo, la psicología positiva ha sido desarrollada por expertos y profesionales que se han tomado el tiempo para estudiar diferentes tipos de trastornos del estado de ánimo como la depresión, el estrés y la ansiedad.
- La psicología positiva se basa en los resultados de la investigación. Esto es algo que se ha evaluado y existe evidencia para demostrar su credibilidad.

Algunas Pruebas que respaldan la investigación
Hay tantos resultados que se han utilizado para demostrar que la psicología positiva realmente funciona. Algunos de estos son:
A. Las personas son más felices con lo que hacen que con lo que tienen. Se han realizado investigaciones para

demostrar que las personas son mucho más felices cuando salen, experimentan cosas nuevas y se divierten con otras personas que cuando compran algo. Los viajes, las comidas, el juego son algunas de las cosas que desencadenan una verdadera felicidad en las personas que los automóviles y las casas.

B. Las personas que son agradecidas son considerablemente más saludables para disfrutar la vida mejor que el resto.

C. Cuando te das cuenta de que otras personas están haciendo cosas buenas, tiendes a querer hacer las mismas cosas.

D. Uno nunca es considerado más feliz que los demás porque tenga más de lo que ellos poseen. Mientras otras personas tengan suficiente de lo que necesitan, experimentarán el mismo nivel de felicidad y satisfacción que una persona más rica.

E. Hay pruebas suficientes para demostrar que el optimismo puede ayudar a reducir diferentes tipos de problemas de salud que varían entre problemas físicos y emocionales.

Hay varias maneras a través de las cuales puedes aumentar la felicidad a través de la psicología positiva. Esto asegurará que seas mucho más feliz que antes:

- Practica la gratitud y asegúrate de que sea parte de tu vida diaria. No tomes todo por sentado. Esto te ayudará a apreciar todo lo que se te presente, ya sea bueno o no tan bueno.
- Practica el optimismo también. Intenta tanto como puedas para ver lo bueno en todo.
- Tómate tiempo para disfrutar de las cosas que más disfrutas. Necesitas identificar qué es lo que te hace realmente feliz, luego hazlo.
- No tengas ninguna creencia negativa sobre el pasado. Debes permitirte discutir sobre eso contigo mismo y asegurarte de que surjas siendo ganador de la discusión. Un pasado negativo siempre se interpondrá en el camino del presente y el futuro positivos.

Conclusión

Las cosas que no te gustan tienden a ocupar tu mente en todo momento. Lo mismo ocurre con las cosas que no puedes hacer. Este es el comienzo del pensamiento negativo, y esto es lo que dificulta que uno se convierta en una mejor persona al final.

Sin embargo, el pensamiento positivo puede ayudarte con todo esto. Solo debes saber lo que no te gusta y reemplazarlo con lo que realmente te gusta para cambiar la forma en que piensas sobre ti mismo. Comienza por los pensamientos que ocupan tu mente en todo momento. ¿Es algo positivo o negativo? Piensa en la forma en que eso afecta tu vida.

Todo el mundo tiene un crítico interno que puede realmente ayudarte en la vida y también arruinarte, en especial si dependes mucho de él. Debes darle a este crítico interno un nombre, un nombre que no sea tan bueno, para que no pienses demasiado todo lo que él te diga. Si te dice que a la gente no le gustas, puedes discutir con él y citar a algunas de las personas que crees que realmente te quieren. Esto evitará un pensamiento negativo que puede dañar mucho tu autoestima.

El pensamiento positivo tiene muchos otros beneficios que harán que tu vida sea mucho mejor. Todo comienza con ver las cosas desde una perspectiva diferente y apreciar lo que puedes hacer y lo que no puedes hacer, luego tu vida comenzará a mejorar.

Parte 2

Introducción – Qué es el Pensamiento Positivo y la Historia de esta Filosofía

Ante todo, quiero agradecerle y felicitarle por haber descargado el libro.

Este libro contiene pasos y estrategias comprobados sobre cómo aprovechar el poder del pensamiento positivo para hacer su vida más plena, más feliz ymás consciente de todo lo que sucede dentro de usted y a su alrededor.

¿Qué es el Pensamiento Positivo?

El pensamiento positivo es el estado mental de un individuo que espera buenos resultados y que siempre se enfoca en el lado luminosode la vida.Esto de ninguna manera significa exceso de confianza o arrogancia.Solamente quiere decir que es una persona que piensa positivamente y que está dispuesta a trabajar duro y a superar las dificultades y obstáculos de la vida, yque anticipa resultados positivos como felicidad, éxito y buena salud.

Este tipo de actitud no es aceptado por todo mundo.Muchos se burlan de estas ideas, las llaman poco científicas y consideran que solo porque uno piensa positivamente no quiere decir que va a obtener buenos resultados.A pesar de esto, con el aumento del estrés asociado a la vida moderna, hay muchas personas que ahora están adoptando esta filosofía y están teniendo fe en la eficacia de esta actitud.

Permítame darle un pequeño ejemplo ilustrativo de cómo el pensar positivo nos afecta.Supongamos que James solicitó un trabajo y tenía que asistir a una entrevista en un par de días.A pesar de que sabe que está calificado y es un buen trabajador, él no cree que sea suficientemente bueno para hacer el trabajo.Su autoestima está golpeada y comienza a verse a sí mismo como un fracasado, y piensa que no merece tener éxito.

Ocupa su mente produciendo pensamientos negativos y cree que los demás candidatos son mucho mejores que él, y que por lo tanto no tiene posibilidades de obtener el trabajo.Estos pensamientos negativos lo roen por dentro los días previos a la entrevista.Lo que en realidad James está haciendo es anticipando su fracaso.

¿Qué sucede el día de la entrevista?Se levanta tarde pues en su mente ya ha descartado la entrevista.Encuentra sucia la camisa que quería llevary desesperadamente busca una camisa mejor.En su prisa y con un estado de ánimo de preocupación no encuentra nada adecuado que ponerse. Se pone lo primero que encuentra y como resultado llega mal vestido a la entrevista.

De hecho, su ropa descuidada es fiel reflejo de su actitud negativa.Y para agregar a los niveles de estrés, no ha desayunado ya que se le hizo tarde para la entrevista.Durante la entrevista su confianza está por el suelo entre las protestas de su estómago vacío y suapariencia desarreglada.Se ve tenso y hay líneas de preocupación claramente visibles en su cara y en todo lo que hace.

Todas estas circunstancias llevan a una entrevista que es muy desastrosa para James.No es que él no sepa las respuestas a las preguntas que le hace el entrevistador.Es que su mente está en tal agitación que ¡apenas puede articular bien sus pensamientos!

Lo que el entrevistador percibe es una persona más bien mal vestida, que no está segura que podrá tomar a su cargo las responsabilidades del trabajo.Por supuesto, James no consigue el trabajo ¡tal y como él mismo lo había anticipado!

Ahora tomemos el ejemplo de Jack que solicita el mismo trabajo. Está seguro de sus habilidades, talentos y conocimientos en el campo.Es positivo en cuanto a que tendría una buena oportunidad de conseguir el trabajo si trabaja duro para perfeccionar sus habilidades.Los días antes de la entrevista repasasus conocimientos.Practica la entrevista con un amigo, anticipa retos y se prepara para enfrentarlos sin temor.Él se visualiza a sí mismo hablando con confianza, respondiendo preguntas sin miedo y se ve saliendo de la entrevista con una carta de oferta de trabajo.Anticipa buenos resultados.

El día antes de la entrevista preparó su ropa y accesorios, incluyendo la corbata, zapatos y calcetines.Se aseguró de tener listos sus documentos de calificaciones y referencias, cuidadosa y limpiamente presentados en una carpeta.Cenó bien y se fue a dormir temprano.Se despertó en la mañana de la entrevista antes de lo habitual, se vistió sin prisa, tomó un desayuno completo y llegó con anticipación al lugar de la entrevista.

Durante la entrevista sus pensamientos positivos estuvieron en primer plano.Su preparación era obvia y se expresó con confianza.El entrevistador percibió a una persona segura y bien cuidada, lista para asumir las responsabilidades del trabajo.Jack consiguió el trabajo tal como él lo había anticipado.

Esto es cierto para cualquier persona. El pensamiento positivo aumenta la confianza y el pensamiento negativo debilita el espíritu.

Historia del Pensamiento Positivo

A lo largo de la historia de la humanidad, sabios y grandes autores han subrayado la importancia de tener pensamientos buenos y positivos.Esto es debido a que esos pensamientos tienen el poder de manifestarse sutilmente como acciones tangibles y de mucho peso.

En el siglo primero Epicteto dijo: "Lo que le preocupa a la gente no es lo que pasa, sino lo que creen que va a pasar".

Aunque la mayoría de las religiones consideran el pensamiento positivo como un aspecto importante, la psicología positiva moderna y el movimiento de pensamiento positivo comenzaron con el Movimiento del Pensamiento Nuevo, que se dio hacia fines del siglo XIX y principios del siglo XX.El movimiento se centró principalmente en Norteamérica.

Muchos filósofos y pensadores escribieron libros sobre el poder del pensamiento positivo desde una perspectiva secular sin asociarlo a ninguna orientación religiosa.Los artículos, ensayos y libros de varios autores durante el período del Movimiento del Pensamiento Nuevo popularizaron el concepto del pensamiento positivo. Algunos de los grandes pensadores involucrados fueron los siguientes:

***Ralph Waldo Emerson*—** Sus ensayos fueron quizás los primeros escritos conocidos que contribuyeron a este movimiento.Se centró en la idea de la autonomía y de tener pensamientos positivos para avanzar y tener éxito.Afirmó que nuestra percepción de la realidad tenía el poder de alterar la realidad.

***Orison Stewart Marden*—** Fundó y estableció una revista llamada "Success" (Éxito), escribió muchos libros sobre el poder del pensamiento positivo y fue un gran colaborador en el enriquecimiento de esta filosofía."Success" fue una revista líder de aquella época y todavíase publica bajo el nombre de "Success Unlimited" (Éxito Ilimitado).

***Ernest Holmes*—** Declaró que "los pensamientos son cosas" y se considera como uno de los padres del Movimiento del Pensamiento Nuevo.Comenzó una revista de pensamiento positivo titulada "Science of Mind" (Ciencia de la Mente) que aúnhoy se publica.

***Emile Coue*—**Fue un farmacéutico y es considerado un líder en elcampo de los libros de autoayuda.Estudió la autosugestión y el hipnotismo.Le pedía a sus pacientes repetir a diario y tantas veces como fuera posibleel siguiente mantra:"Todos los días estoy cada vez mejor y mejor en todos los sentidos".Incluso hoy en día esta frase es practicada por los seguidores de los filósofos del pensamiento positivo.

William James— Fue un filósofo y autor de libros sobre psicología.Una vez dijo, "el mayor descubrimiento de mi generación es que el hombre puede cambiar su vida simplemente cambiando su actitud mental".

Dale Carnegie y Napoleón Hill también contribuyeron enormemente al movimiento de pensamiento positivo.

El Pensamiento Positivo en Nuestros Días

Hoy en día, las prácticas del pensamiento positivo se aplican a muchos campos, incluyendo el desarrollo de las ventas y de los negocios, los deportes, la salud, la educación infantil y muchos otros.Se utilizan como herramienta para motivar e inspirar, y se nota una gran diferencia en la forma como les mejoran las cosas a las personas que siguen el pensamiento positivo comparadas con las que no creen en sus casi mágicos efectos.

Capítulo 1: Consejos de Pensamiento Positivo para Mejorar la Calidad de Vida

Cuántos de nosotros allá afuera en el mundo estamos luchando con las penas de esta vida, que pueden ser la pérdida de un ser querido, las agonías relacionadas con las enfermedades, los dolores causadospor no lograr los deseos, la lista es interminable.Todos estamos atrapados en este torbellino de dolor y de agonía.A veces estamos tan desesperados que incluso muchos de nosotros experimentamos tendencias o pensamientos suicidas.

Los ejercicios de pensamiento positivo son un gran método para superar este tipo de dolores insoportables y para ayudarnos a gozar de una mejor calidad de vida. Practique todos los días estos ejercicios aparentemente pequeños hasta que se conviertan en un hábito profundamente arraigado en su ser.Utilicé intencionalmente el término "aparentemente" para recordarle que no debe ver estos ejercicios como pequeños; pueden ser grandes motivadores para que

pueda gozar de una mejor calidad de vida.
He dividido los puntos en tres segmentos:
- Pensamiento positivo para la vida en general
- Pensamiento positivo para la vida profesional
- Pensamiento positivo para la vida personal

Pensamiento positivo para la vida en general

Empleesolamente palabras positivas—Si siempre está diciendo, "No puedo", llegará el día cuando realmente no podrá.Sin embargo, si todo el tiempo está diciendo, "Yo puedo", en ese caso no está muy lejos el día cuando realmente PUEDA.Motívese a esforzarse más en cada paso.

Elimine todos los pensamientos negativos de su mente— No permita que los sentimientos y pensamientos negativos lo agobien.Cada vez que ellos lo intenten, sáquelos de su sistema repitiendo, "Yo puedo".Puede comenzar haciéndoloun par de horas al día. Con la práctica paciente, este proceso de pensamiento se implantará en su psiquis.

***Emplee palabras que evoquen sentimientos de éxito y de fuerza*—** Llene su vocabulario con palabras que evoquen sentimientos de éxito y de fuerza.Las primeras palabras que busque su mente deben ser: fuerte, feliz, amor, cariño, fe y similares.

***Practique la afirmación positiva*—** Un ejercicio muy popular del pensamiento positivo es la afirmación positiva.Esto requiere que repita una frase positiva, algo así como un mantra, a principio todos los días y luego, con la práctica constante, su mente lo hará ella sola.La frase podría ser, "Soy digno de amor", o "Soy fuerte" o algo parecido.Elija un mantra que le aplique.

***Crea que tendrá éxito*—** Creer en sí mismo es el primer paso hacia el éxito.Cuando crea y piense que tendrá éxito, la realidad del éxito vendrá luego, más temprano que tarde.No se permita siquiera el beneficio de la duda y esté seguro de que va a alcanzar el éxito.

***Perdónese*—** No está solo en este mundo.Todo mundo comete errores y aprender de los errores y seguir adelante con su vida es un elemento clave para ser feliz.Debe aprender a perdonarse.Debe decirse a sí mismo que está perdonado y que es hora de avanzar en su vida.No ande cargando con el peso de la culpa.Esta carga no tiene ningún valor excepto hacer que su vida sea difícil e insoportable.

Por el contrario, si puede, haga correcciones a sus errores.Luego déjelos atrás y siga adelante.

Aprenda de los errores del pasado— Recuerde que no puede cambiar lo que hizo en el pasado.En cambio, aprenda del pasado y llene su mente con pensamientos positivos para el futuro.

Piense en los sucesos negativos como oportunidades — Si este fracaso no lo hubiera golpeado, talvez no habría caído en cuenta de su propio potencial.Esto porque fue debido a que sucedieron estas cosas negativas que buscó dentro de sí hasta encontrar el valor y la fuerza para hacerles frente.Además, así sus niveles de fortaleza automáticamente dan un salto y luego del salto rara vezse cae hacia atrás como dice el dicho.

Pensamiento positivo para la vida profesional

El trabajo profesional está plagado de competencia (sí, muchas veces insalubre) y de enormes cantidades de estrés. Aquí están algunos consejos para ayudarle a desarrollar un pensamiento positivo en su lugar de trabajo:

Sea crítico de sí mismo en forma constructiva — No encuentre tantas culpas en sí mismo que empiece a creer que es un inútil. Más bien critíquese constructivamente para que pueda trabajar para crecer y desarrollar su personalidad y sus habilidades.

Visualice la terminación exitosa de sus proyectos —El verse a sí mismo felicitado por sus compañeros y supervisores por haber completado con éxito un proyecto aumenta su confianza. Este aumento de confianza le ayudará a superar los retos que se aproximan.

Relájese y permita que las cosas sigan su curso — Muy a menudo esta actitud funciona. Muchas veces, las cosas se han ampliado fuera de toda proporción y hay situaciones que parecen mucho más grandes de lo que realmente son.Por lo tanto, siéntese, relájese y deje que las cosas sigan su curso.Encontrará que ninguna de las imágenes negativas que se le mostraron terminó materializándose.

No se obsesione con sus errores — Bien, ha cometido algunos errores. Tome las medidas correctivas que haya que tomar y luego siga adelante.No se detenga en los errores pues esto solo aumentará la negatividad en su mente.

Evite amigos y colegas negativos — Nada como una manzana podrida para estropear una cesta de manzanas buenas.Aléjese de las personas negativas tanto como le sea posible.Mantenga su relación con ellas solo a un nivel puramente formal y educado.Esto hará maravillas para mantener los pensamientos negativos lejos de su vida.

Pensamiento positivo para la vida personal

La vida personal generalmente es menos estresante que la vida profesional.Sin embargo, en los escenarios de la vida moderna actual, donde todo mundo quiere más y más de la vida, el estrés ha encontrado su camino también en nuestros hogares.

Aquí algunos consejos de pensamiento positivo para su vida personal:

Encuentre felicidad en el hecho de que su vida esté tan llena de acción— Si solo sucediera todo lo que lo hace feliz, ¿no sería su vida aburrida y sin interés?Vea los retos como una forma de aumentar la actividad en su vida,manteniéndolo activo y completamente alerta.

Tenga algunos amigos a quienes les guste por lo que es— A veces es necesario algo de adulación para salir de la sensación de depresión.Construya un círculo pequeño de familia yde amigos donde pueda ser usted mismo y donde haya gente que sepa cómo animarlo cuando esté triste.

Tome unas vacaciones en familia— Empaque sus maletas, váyase a alguna parte y tome un descanso.Podría ser una salida porsolo el fin de semana o una actividad divertida que dure todo el día.¡Esfuércese en sorprender a su familia con estos regalos y vea cómo la positividad extiende sus alas envolviendo a todo el mundo en su vida!

Todos estos consejos y prácticas toman algo de tiempo para que se vean los resultados.Sea paciente consigo mismo. Siga diligentemente el programa que se ha establecido y verá cómo pronto sus pensamientos positivos se cristalizarán en su vida en algunos resultados grandes y tangibles.

Capítulo 2: Hábitos de Pensamiento Positivo para una Vida Más Enriquecedora

Nuestra actitud decide nuestra vida.Si cedemos a las negatividades asociadas con nuestras propias aflicciones y dolores, y a las que vemos a nuestro rededor en los medios de comunicación y en nuestros amigos, nuestra vida será una larga agonía, insoportable, y aparentemente sin esperanza.Esta forma negativa de vida poco a poco y sin quererlo se convertirá para nosotros en un hábito y comenzaremos a pensar que la vida en realidad es mala.

Sin embargo, cuando conscientemente hacemos esfuerzos positivos para pensar positivamente, y no dejamos que los obstáculos nos bloqueen, entonces poco a poco nuestras vidas comenzarán a verse bien y la negatividad simplemente se desvanecerá en el olvido.

Un refrán muy común y además comprobado sobre los hábitos dice así:Si haces algo continuamente durante 21 días, esto se convertirá en un hábito.En la misma forma con el pensamiento positivo, persista por un mínimo de 21 días en los hábitos que se enumeran en este capítulo y verá que su vida será más plena y más feliz de lo que era antes.

Mantenga un diario donde escriba notas de agradecimiento – Un evento malo durante el día y nos olvidamos de todo lo bueno que ha sucedido antes y después de lo que resultó negativo.Comience y mantenga el hábito de escribir cada día5 cosas buenas que le ocurrieron en su vida.Notará un cambio en su actitud cuando encuentre aspectos de su vida por los cuales puede estar agradecido. ¡Sea agradecido! Es el primer paso para encontrar positividad.

Tener una actitud agradecida, tiene los siguientes beneficios:

- Refuerza su sentimiento de felicidad
- Trae felicidad sostenida
- Mantiene la negatividad y el estrés a raya
- Reduce su apego a las cosas materiales
- Hace que sus relaciones sean más plenas

- La reducción de estrés le ayuda a relajarse y a dormir mejor

Acepte los fracasos— Ser rechazado, fallar, ser derrotado, etc. son cosas que debe aprender a aceptar como parte de la vida.Estos son fenómenos transitorios y cambiantes.Hoy usted falla y otra persona pasa.Mañana alguien falla, usted pasa.Recuerde el viejo proverbio, "*El fracaso es un peldaño para alcanzar el éxito*".Mientras aprenda de los errores de sus fracasos, podrá fortalecerse y adquirir una mayor experiencia en el manejo de situaciones difíciles y desafiantes.

Emplee palabras positivas y felices para describir los acontecimientos de su vida – Las palabras que elegimos tienen más poder sobre nuestra vidade lo que creemos.El resultado de su vida será un reflejo de lo que piense de ella.Si cree que su vida es ocupada, aburrida, caótica u ordinaria, es porque ve su vida de esa manera.Usted sentirá los efectos de estas palabras negativas en su mente y en su cuerpo.Por otro lado, si usa palabras de ánimo, felices, de contento y llenas de vigor, verá que su vida realmente se llenará de acontecimientos felices.

Cambie las palabras en una frase y vea la magia que esto puede crear en su vida—
Fíjese en las siguientes frases:
- Tengo que recoger la ropa
- Tengo que trabajar duro
- Tengo que pagar las cuentas
- Tengo que alimentar a mi hijo

Y mire ahora estas otras:
- Puedo ir a recoger la ropa
- Puedo trabajar duro
- Puedo pagar las cuentas
- Puedo alimentar a mi hijo

Sustituyendo "tengo que" por "puedo", su actitud hacia la vida sufre un cambio enorme.Mientras que la palabra "tengo que" hace de la tarea una especie de compromiso que está obligado a cumplir, el "puedo" transfiere a la acción un sentimiento de gratitud.El trabajar duro le ayuda a sostener a su familia, a conseguir alimentos y un techo para ellos, le da recursos suficientes para cumplir con los deseos de sus seres queridos.Cambie los acontecimientos de su vida de tareas obligatorias a oportunidades por las cuales está agradecido.

No permita que otros lo desanimen con su actitud quejumbrosa— Usted está teniendo un día maravilloso, está feliz con el resultado de su trabajo y está listo para ir a casa con su familia amorosa.Pero en ese momento entra en la oficina su colega y comienza a quejarse de algo, que hasta entonces no parecía ser en absoluto una razón para quejarse.

Sin embargo, el lloriqueo y quejas constantes de esta persona en algún momento lo tocan, y usted sin querer comienza a estar de acuerdo con sus puntos de vista, y su hermoso día se va disparado por la ventana.Cuando llega a casa, está de mal humor, enojado, lleno de resentimiento y la vida le parece un infierno.

Reconozca estos eventos en su vida y recuerde mantener a raya a estas personas o alejar su mente lejos de sus peroratas.No permita que la actitud quejumbrosa de otros lo toque innecesariamente.

Busque soluciones cuando se discutan los

problemas—Ser positivo no quiere decir no tener en cuenta los problemas.Por el contrario, su visión positiva de los problemas le ayudará a obtener soluciones.El pensamiento positivo le ayuda a examinar los problemas y las situaciones con una objetividad que, a su vez, le ayudará a percibir las cosas en forma realista y sin la carga de otras emociones.Surgirán soluciones.Por lo tanto, cuando alguien esté hablando acerca de los problemas, búsqueles más bien soluciones en lugar de decirles que están equivocados.

Haga que al menos una persona sonría— Pregúntese a sí mismo, "¿En quién pienso la mayor parte del tiempo?"La respuesta será en usted mismo.Pensamos en nosotros mismos, en nuestros problemas, en cómo solucionarlos, en cómo evitar nuestros problemas, en cómo hacer esto o lo otro en nuestra vida, etc.La vida, consciente o inconscientemente, gira en torno a nosotros mismos.Haga todos los días un esfuerzo consciente para hacer que otra persona sonría.Pensar en la felicidad de otros nos hace caer en cuenta qué tan profundo es nuestro potencial para impactar positivamente el mundo que nos rodea.Esto aumenta nuestra confianza y tambiénnos hace felices.

Busque buenos acontecimientos alrededor del mundo—El mundo está plagado de violencia, odio, guerras y batallas.Los medios de comunicación estánllenos de noticias de muertes y destrucción; a veces naturales y más a menudo causadas por los seres humanos.Sin embargo, hay muchas historias de heroísmo y de compasión que brillan a través de estos tristes acontecimientos.Concéntrese en estas y se sentirá más optimista, más alegre, y el sentido rastrero de cinismo saldrá volando por la ventana.

Una actitud negativa nos impide ser felices y esta infelicidad se extiende a los demás con quienes nos relacionamos.Hay muchos estudios que demuestran la verdad irrefutable: una actitud positiva se conecta directamente al éxito y a la felicidad.Por lo tanto, haga este esfuerzo extra para permanecer positivo, para mantener pensamientos positivos, y poco a poco con un esfuerzo diligente, ¡encontrará que esta actitud se convierte en un hábito del cual no podrá desprenderse!

Capítulo 3: El Pensamiento Positivo y el Poder del Ahora

Vivir el momento presente le ayudará a apreciar las buenas cosas de la vida, lo que lo empoderará para sentirse realizado y feliz. Cuando se concentra en el momento actual se vuelve uno positivo e invariablemente se enfoca en cosas agradables. Y cuando se enfoca así en cosas buenas, sus pensamientos también se dirigen hacia la positividad.

Usted comienza a aplicar esta positividad para atraer cosas más positivas a su vida, lo que lo lleva a una sensación de bienestar general. De nuevo querría recalcar que el pensamiento positivo no significa huir de los problemas. Significa más bien percibirlos bajo una luz objetiva. Esta objetividad mejora las probabilidades de encontrar una buena solución para los problemas que tenga.

Estoy de acuerdo que no siempre es fácil vivir el presente teniendo en cuenta que nuestras mentes se están concentrando en las cosas de las que hay que ocuparse en el futuro y/o preocupándose por el resultado de acciones pasadas.Sin embargo, es posible aprovechar el poder del "ahora" más de lo que lo estamos haciendo, ycuando se esté ocupando del momento actual enfocarse en cosas positivas.

He aquí una manera de comenzar a hacer un esfuerzo para vivir el ahora.¿Qué está haciendo en este momento?Está leyendo este libro.Concéntrese en las cosas buenas de esta lectura.Por ejemplo:

- Si está leyendo el libro significa que sabe leer. Hay muchas personas que no saben leer y que, por lo tanto, no serían capaces de leer y de disfrutar de este ni de ningún otro libro.

- Si está leyendo este libro significa que tuvo los recursos para comprarlo. Hay muchas personas en el mundo que luchan para tratar de tener una comida decente al día. Olvídese de que van a comprar un libro.

- Si está leyendo este libro significa que está buscando formas de mejorar su vida. Hay muchas personas que pueden tener los medios para leer y para comprar libros pero que no tienen la inclinación para mejorarse ellos mismos. Piensan que la vida es lo que ven: es esto y más nada. Mientras que a diferencia de ellos usted sabe y siente que en la vida hay algo más que comer, beber, dormir, trabajar, etc. ¡Usted es realmente afortunado!

Espero que haya entendido cómo hacer para enfocarse en el momento actual y ver entonces las cosas buenas que hay en el presente.Ahora, durante el día, tómese un momento para concentrarse y observar su situación actual.Haga una lista de las cosas positivas que ve en su situación.Y tendrá en sus manos el poder del ahora.Recuerde combinar cosas positivas y el momento presente.Deje de lado todo lo negativo.

A medida que comience a profundizar en su mente, verá muchas cosas por las cuales puede estar agradecido y menos por las cuales quejarse.Esto hará su vida más positiva y más plena.

Este tipo de ejercicios sencillos lo ayudarán muchísimo a hacer del pensamiento positivo un hábito que quede arraigado profundamente en su psiquis.Cuando

tenga pensamientos positivos inundando su mente será más capaz de lo siguiente:
- De lograr sus objetivos de vida
- De vivir su vida como lo desea
- De obtener de la vida lo que quiera.

Más aún, una persona de pensamiento positivo es una persona mucho más productiva que una que se estanca en la negatividad.Así es cómo:

La gente disfruta ayudando al pensador positivo— A la gente le gusta ayudar al pensador positivo y esto le permite tener acceso a los beneficios de las capacidades de otras personas.Nadie quiere asociarse con gente que esté enojada, resentida, o infeliz.Por el contrario, a todo el mundo le encanta trabajar con gente sonriente y feliz.Esto mejora su propia productividad.

Ahorra tiempo al no desperdiciarlo en quejas— Cuando usted se queja desperdicia el tiempo innecesariamente.En cambio, si usa ese tiempo para encontrar una solución, ¿no es eso un aumento de productividad?

Mejora los niveles de energía— Ser positivo y estar rodeado de gente positiva lo hará siempre sentircon más energía, y esto le permitirá hacer más trabajo que si se dedica a tener pensamientos deprimentes y negativos.

Levanta el espíritu de todo el equipo — La positividad y la negatividad son contagiosas.Si se siente deprimido, su tristeza se extiende a su equipo, y si se siente feliz esta felicidad también se extiende a su equipo.Por lo tanto, concéntrese en la positividad y reparta felicidad. Esto hará que su equipo se sienta animado y listo para asumir los desafíos del trabajo.Esta actitud también funcionará para su familia.

Resuelvelos problemas.No crea problemas— Puede mirar hacia atrás en su vida y pensar ¿cuántas veces un problema que tenía ha desaparecidocuando he sido capaz de reírme de él?Por supuesto en realidad el problema no había desaparecido. La negatividad que había en la sala desapareció cuando todo el mundo se rio de su chiste.Esto creóen todos una actitud positiva y llegaron varias propuestas de soluciones.Por el contrario, ¡una actitud negativa tiene el poder de hacer ver una montaña donde solo hay un grano de arena!

La actitud de pensamiento positivo es fácil de lograr.De hecho, una vez que haya hecho el intento de aprenderlo y dominarlo, encontrará que ¡es difícil ser negativo!Solo tiene que empezar a creer en sus fortalezas internas y en su mente subconsciente y dirigirlas a trabajar para su beneficio.

Capítulo 4: Métodos de Pensamiento Positivo para la Diversión y la Relajación

Cuando tenga tiempo libre, no lo desperdicie pensando en las cosas malas y negativas que sucedieron en su vida.Por el contrario, disfrute de algunas actividades positivas que le proporcionarán mucha diversión y relajación.Puede utilizar estos consejos para pasar su tiempo libre de manera relajada, reduciendo así el estrés en su vida.

Además, permítame advertirle que el tiempo libre no vendrá por sí solo.Usted tiene que conscientemente destinar un tiempo durante el día para esta actividad.De hecho, para tener una sensación general de bienestar es esencial relajarse completamente al menos durante unos 30 minutos diarios.Acostúmbrese a esto y verá el cambio en su actitud hacia la vida.

Lea un libro— Elija lo que quiera, pero me gustaría aconsejarle que evite los libros sobre temas enfermizos, de horror o libros que ni inspiran ni motivan.La lectura de un libro inspirador es ideal.Cuando esté leyendo ese libro, debe sentir que "¡Guau!¡También puedo hacer esto!"

Música— Citando a Platón: "La música le da alma al universo, alas a la mente, vuelo a la imaginación, y todo a la vida."¿Necesito decir más?Escuche su música favorita, relájese y disfrute de esta sensación libre y relajadora.

Concéntrese en su respiración — Este es un excelente método para comenzar a meditar.Simplemente concéntrese en la forma en que está respirando, en la inhalación y la exhalación.Cada vez que su mente se aleje de este enfoque, vuelva suavemente a la respiración.Inhale y exhale.No trate de forzarse a sí mismo.Simplemente observe cómo está respirando.Comience con 10 minutos al día y aumente gradualmente el tiempo.

Con la práctica repetida y constante, un día va a encontrar que en algún momento durante esta actividad su mente está ¡completamente vacía de pensamientos!¡Esta es la magia que estaba buscando!Sin embargo, esto solo sucederá en el largo plazo.Hasta entonces, concéntrese un poco a la vez en la respiración y en sentirse relajado.

Ejercicio—Destine al menos 30 minutos diarios a algún tipo de actividad física.Una agradable caminata en la noche, un agradable paseo por la mañana, un corto trote o carrera, o cualquier otra cosa que se adapte a usted estará bien.Pero, incluya siempre la actividad física en su rutina diaria.Las feromonas producidas durante la actividad tienen el poder de elevar su estado de ánimo.

Reír— Aunque puede que no sea posible que todos los días suceda algo gracioso en su vida, estoy seguro de que hay un par de cosas en las que puede pensar, que nunca dejarán de traerle una sonrisa a su rostro.Recuerde estos momentos porque los sentimientos negativos y una sonrisa y una cara feliz no se dan al mismo tiempo.

Cree algo— Haga alguna actividad que resulte en algo tangible que pueda sentarse a ver y a disfrutar.Si le gusta cocinar, cocine algo para sus seres queridos y vea las sonrisas en sus caras a medida que prueban lo que les ha preparado.Si le gusta pintar, entonces pinte algo.Puede hacer solo unos trazos, colorear, dibujar o crear alguna artesanía en papel para los niños pequeños.Puede hacer cualquier cosa. ¡Crear algo le dará un sentido de logro que alejará la negatividad!

Las técnicas de diversión y de relajación son elementos críticos para hacer su vida más sana, satisfactoria y feliz.Estas además mantienen los pensamientos negativos a raya.Deléitese rutinariamente con ellos y observe cómo su productividad general da un gran salto.

Conclusión

Nadie en este mundo está libre de preocupaciones y de penas.Cada uno está plagado de diferentes tipos de problemas y de situaciones.La filosofía del pensamiento positivo no es barrer los problemas bajo la alfombra y hacer como que no existieran.Por el contrario, la filosofía del pensamiento positivo insta y exhorta a afrontarde frente los retos y a encontrar la fuerza para superarlos.

Mantenga un estado de ánimo positivoy así tendrá la fuerza para enfrentar y vencer los obstáculos y las dificultades.Esta filosofía fortalecerá su determinación de encontrar soluciones a problemas irritantes.El pensamiento positivo es tan contagioso que una vez se le convierta en un hábito, todas las personas con quienes entre en contacto se sentirán feliz y gozosamente afectadas con su sentimiento de positividad.

Siga diariamente la siguiente rutina:

- Recuerde, usted es dueño de sus pensamientos, ellos no son los dueños suyos

- Vea la belleza a su alrededor
- Deje de buscar excusas
- No crea que es una víctima
- Planifique su propio futuro. No deje que alguien más lo haga por usted
- Tenga expectativas reales
- Acepte con sinceridad sus debilidades
- Siéntase orgulloso de sus fortalezas
- Entusiásmese con las cosas que están sucediendo en su vida
- Relájese y planifique lo que quiere hacer hoy
- Crea en sí mismo
- Comience ahora
- Sea implacable con los pensamientos negativos y échelos fuera de su mente
- Busque la compañía de gente alegre y evite la compañía de gente infeliz
- Mire las cosas desde una nueva perspectiva
- Y, por último, sonría

Durante la curva de aprendizaje, mantenga la conciencia de cada uno de sus pensamientos y de sus actividades.Con el tiempo y con la práctica, el hábito del pensamiento positivo se incrustará tan profundamente en su psiquis que ni siquiera si lo desea podrá ya echarlo fuera.

Así que, ¿qué está esperando?Comience ahora su viaje de pensamiento positivo y vea la cantidad de cambios positivos que van a afectar su vida y la de sus seres queridos.

¡De nuevo gracias por comprar este libro!

Espero que este libro le haya podido ayudar a entender lo fácil que es hacer del pensamiento positivo una parte indeleble de su vida.

El siguiente paso es comenzar de inmediato.

¡Gracias y buena

www.ingramcontent.com/pod-product-compliance
Lightning Source LLC
Chambersburg PA
CBHW071913070526
44583CB00016B/1966